entsetzlich viel lust
erotische gedichte teil 1

AF287934

Erotiksternchen Hochimins

entselzlich viel lust
erotische gedichte teil 1

Bibliografische Information durch
Die Deutsche Bibliothek:
Die Deutsche Bibliothek verzeichnet diese Publikation in
der Deutschen Nationalbibliografie; detaillierte
bibliografische Daten sind im Internet über
http://dnb.ddb.de abrufbar.

ISBN   9783848216130

13 Euro

Dieses Buch widme ich der Achtsamkeit, der
Zuneigung und der gierigen Lust

Gedichtband Teil 1

mein lustsystem

mein zentrales liebessystem hat sich
durch dich ent- und dann um dich
gewickelt
lustzellen regeln die stärke dieser
bande und vermehren sich bei
jedem kuss aufs neue

zärtlichkeitsvolumen
das giergewicht
und die intensivität meiner
fingerwanderungen
erstrecken sich bei dir
stets ins überhorizontale
weil allein dein hiersein
euphorische lendenblitze
zucken lässt
die meine verhaltensweisen
nie verhalten sein lassen
können

besonders gut trainierst du
meine sexspezifischen
sekretanlagen
die sensibel nur auf dich
geeicht sind
oder von dir geeicht wurden

entsetzlich viel lust

lustreich erobere ich dein lustschaft
wandele auf dein raunen zu
und küss es ins stöhnen
nehm stück für stück
deinen körper für mich
bis deine seele sich daran
anheftet und du mich liebst

die fassungen und tastierungen
die ich auf mir warmnehme
nehme ich als beifall
den ich mir nur leihe
und mit zinsen zurückscheide

konturen male ich um deine
markanzien
verstärke erogene zonen
mit sanften griffen
und finde in dir entsetzlich viel lust
die ich aus dir gerne gewinne

hitzig verfalle ich
im verlassen dieser welten
lieg hinter uns liegenden
und schaue unseren orgasmen zu
und komme noch einmal
diesmal weiter oben

schoßnachhall

sanft verreicheren mich
deine liebkostungen an
wärmsten schönereien

in unbefahrene wege
streicheln sich deine
finger bis ich ihre
gesellschaft niemals wieder
missen willst

ausgiebig zielstrebig
dränge ich mit meiner
lust auf dich
an dich

schenke dir ein "nur Du"
und ein "nur Dich"
mit einem einzigen kuss
der in dir nachhall findet
und aus meinem schoß flutet

zentimeter für zentimeter
näher und näher
hauchen sich unsere körper
sekundenseelenlos

hauchfahnen

amüsiere mich!
zerstreue deine lippen auf
meinem leib
verlustiere dich an meinen
wärmsten stellen
schicke zungentrommelfeuer
kusshagelschauer
und leg dich dann ins
flammenmeer

füttere giererfüllte augen
halte dich an meinem atem
fest und mische es mit
stöhnen

gänseschauerlich taste ich
deine leberfleckverstecke ab
streiche glänzende wege
die meine finger gehen werden
beeinflusse deine stabflüße
lass dein rot pulsieren
und flicke dich in mich

uns auf uns ziehen
haarranken fassen nach haut
feuchte aufruhr
laute hauchfahnen

bis wir nur noch
wispernd flimmern

glühen zweigültig

einen hauch meines körpers
dränge ich zum glanzstück
die in deiner mitte reift
die sich der zuwendung zuwendet
bis lustdunst nebel schreibt

alle großen gedanken fliehen
im großen verschlingen
im haltlosen kaltlösen und heißfinden
im labendem verlustieren

balanciere auf deinen lippen
flüstere küsse an, auf und hinein
entschleiere das noch verhüllte
und bitte lass dich zärtlich in mir nieder

vergifte dich mit gier
ständig unanständig male ich
nasse spuren auf deinen pfeil
schwinge in deinem puls
schlinge züngelnd deine hitze
und fiebere nach mehr von dir

wie du dich an meine lippen
fesselst
halt auf meiner zunge suchst
dich zuckend an mich schmiegst
und mir jede pore schenkst

wir glühen zweigültig

süchtig nach des anderen stöhnen
treiben wir uns über die qual
rauschend ins glück
und wachen glänzend auf

schlaglöcher

du findest schlaglöcher
auf meinem körper
verübst darin gezielte zuschläge
die mich wohlig stöhnen lassen
und packst meine lippen
um zu atmen

hände klicken
um meinen weißen hals
küsse drücken zu boden
und zärtlich lausche ich
unter baumwollstoff nach
deiner festigkeit

ich spüre dein herz
an meinen fingerkuppen
schlagen
bin in meiner feuchte
bis zum ende grenzenlos
vergiere in dir
und verbrenne deinen
ganzen alltag
in einem einzigen moment

wer nicht hören will

wer nicht führen will
muss hören
denn eine devote hand
die weist nicht gern
in irgendeine richtung
die wedelt nur verantwortung ab
und wischt sich das "puhh"
aus dem gesicht
malt träume in den sand
und klatscht wenn andere
an ihren scheitern

und wer nicht hört
auf jemanden dessen
träume ähnlich sind
wird immer nur in der
schlang stehen ohne
jemals die theke
zu erreichen

wer nicht führen will
muss hören
denn das leben
fliegt nicht in irgendwelche
richtungen wenn man
es nicht lenkt
es wirft nur krümel ab
die schneller weggefreut
sind als man denkt
wer nicht hören will
wird fühlen

männerfesselung

ich bin fesslungskünstlerin
fremder männer
benutze nur
unsichtbare schnüre
knote schöne momente
an einzigartige erlebnisse
und kann zwischendrin
auf dem seil tanzen
wie ich will

hypnotisiere mit meinen
lippen
flüstere was sie denken
sage was sie sich nicht
zu denken trauen
und garniere alles in
einem geheimnisvollen
mantel
den sie sich mit mir
umwerfen wollen

ich lese aus ihnen
und schreibe hinein
berechne ihre haltung
und sauge aus dem was
sie sagen
den zwischenraum
und filtere

ich habe die absolute

kontrolle
außer
ich bin verliebt

blow

ich geh dir gegen
deinen strich
saug ihn ein
und leg ein warmes
lippenpaar um ihn
leicht pulsierend
mit nasssequenzen
druckbeben
und zungierungen

mir liegt etwas auf
der zunge
drückt sich hinein
dreht
und windet
sich in den saftklumpen
hinein
wie ein durstiger in eine
melone

mund-zu-schwanz-propaganda
was du mit ihn malst
schickt botschaften
in mein lustzentrum
das dann nass antwortet
pochend versteht sich

ich werde
krokodilsfreudentränen
vergießen in einem

riesigen schwall
der an deinem schwanze
quillt

gewalt

mit aller gewalt
sei zärtlich zu mir
fass mich mit fleischkneifzangen
zur extase
segel mit mir hart im wind
ich das segel
das durch deine konsequenz
vorwärts treibt

warzenschraubendaumen
liebkosten meine rotbraune haut
ziehen mir die lust
in die brüste
und von dort über meinen
ganzen leib

ich bin ganz feucht
unter den ohren!
danke!
du dringst weiter
in die offene wunde
weil ich es wünsche
und ich dich dazu
gebracht habe

auf das uns die lust
über unser denken steigt
und nichts zurück bleibt
als "ich will dich!"

www.FickPension.com